Spécialités sucrées d'ALSACE

aveurs d'hier et d'aujourd'hui

par
Gérard FRITSCH
& Guy ZEISSLOFF
Photos de
Frédérique CLEMENT

I. D. L'Édition

Sommaire

Les goûters

Gâteau à la cannelle 4
Gâteau de santé 6
Kougelhopf 8
Streussel 10

Les tartes

Tarte à la rhubarbe meringuée 12
Tarte au fromage blanc 14
Tarte aux cerises 16
Tarte aux pommes à l'alsacienne 18
Tarte aux quetsches à l'alsacienne 20
Tarte flambée aux pommes 22
Tartelettes aux myrtilles 24
Tarte à la façon de Linz 26

Les beignets

Bretzels de carnaval 28
Cuisses de dames 30
Eclats 32

Les recettes pour les fêtes

Agneau Pascal 34
Bonhomme de Saint Nicolas 36
Brioche de Noël 38
Cœurs de pain d'épices 40
Langues de pain d'épices 42
Pain aux fruits 44
Brioches de Nouvel An 46

Les desserts

Forêt-Noire 48
Granité aux quetsches 50
Mendiant 52
Nid d'abeille 54
Savarin au kirsch d'Alsace et coulis de griottes 56
Tarte biscuitée au kirsch 58
Torche aux marrons 60

Les petits gâteaux

Demi-lunes 62
Etoiles à la cannelle 64
Macarons à la noix de coco 66
Petits fours à l'anis 68
Petits-beurre 70
Rochers aux noix 72
Sablés souabes 74
Spritzbredle 76

Recettes

Pâte brisée 78
Pâte sablée 78
Pâte à biscuit 79
Crème pâtissière 79

Gâteau à la cannelle
Zimmetkuche

Préparation : 30 min
Cuisson : 30-35 min

Ingrédients pour un gâteau à la cannelle de 500 à 600 g

Pour la pâte

- *250 g de farine*
- *40 g de sucre semoule*
- *5 g de sel fin*
- *1 œuf*
- *10 g de levure de boulanger*
- *90 g de lait*
- *70 g de beurre*

Autres ingrédients

- *100 g de crème fraîche épaisse*
- *100 g de sucre semoule*
- *10 g de cannelle*
- *20 g de beurre*

Mélangez dans le bol du batteur ou dans un grand saladier la farine, le sucre, le sel, la levure, l'œuf et le lait.

Pétrissez la pâte à la main ou avec le crochet du batteur.

Lorsque la pâte est lisse, ajoutez le beurre tempéré.

Mélangez la pâte jusqu'à ce qu'elle soit à nouveau lisse et bien homogène.

Réservez la pâte dans un saladier, couvrez-la avec un film plastique et laissez-la doubler de volume dans un endroit chaud et à l'abri des courants d'air.

Lorsque la pâte est suffisamment levée, versez-la sur le plan de travail fariné.

Aplatissez la pâte avec les mains et repliez ensuite les bords vers le centre pour former une boule.

Etalez la boule à 25 cm de diamètre, placez-la sur une plaque beurrée et remettez-la à lever à l'abri des courants d'air.

Lorsque la pâte a doublé de volume, étalez délicatement la crème épaisse sur le dessus.

Mélangez le sucre semoule et la cannelle en poudre.

Saupoudrez généreusement la pâte avec le sucre cannelle.

Avec votre doigt, formez des trous à intervalles réguliers dans la pâte.

Disposez une petite noisette de beurre dans chaque trou.

Enfournez dans un four préchauffé à 180°C.

La durée de la cuisson est de 30 à 35 min.

Gâteau de santé

Préparation : 20 min
Cuisson : 45-55 min

Ingrédients

- *150 g de beurre*
- *225 g de sucre semoule*
- *3 œufs*
- *150 g de lait.*
- *300 g de farine*
- *1 sachet de sucre vanillé ou un zeste de citron*
- *1 sachet de levure chimique*

Autres ingrédients

- *Beurre*
- *Farine*

Tamisez la farine et la levure chimique.

Faites ramollir le beurre dans un saladier sans le faire fondre.

À l'aide d'un fouet, mélangez le beurre, le sucre et le sucre vanillé.

Ajoutez les œufs et mélangez délicatement la préparation à l'aide du fouet.

À l'aide d'une spatule, incorporez la farine préalablement tamisée avec la levure chimique.

Terminez la préparation en ajoutant le lait.

Lorsque le mélange est homogène, versez-le dans un moule à cake beurré et fariné.

Mettez à cuire dans un four préchauffé à 180°C pendant environ 45 à 55 min.

Kougelhopf

Préparation : 30 min
Cuisson : 40-45 min

Ingrédients pour un moule de 25 cm de diamètre environ

- *375 g de farine*
- *60 g de sucre semoule*
- *7 g de sel fin*
- *2 œufs*
- *15 g de levure de boulanger*
- *115 g de lait*
- *90 g de beurre*
- *20 g de kirsch d'Alsace*
- *115 g de raisins secs sultanines*
- *80 g d'amandes entières*

Conseils et astuces particulières :

Préférez un moule à Kougelhopf traditionnel en terre cuite; bien que plus fragile celui-ci est à l'origine du goût particulier du Kougelhopf.

Si vous ne disposez pas de raisins macérés à l'avance : placez les raisins dans un bol avec le rhum ou le kirsch, recouvrez le bol à l'aide de film plastique alimentaire, placez le bol au four à micro-ondes pendant 2 min, et laissez refroidir le-tout avant d'utiliser les raisins.

La veille, faites macérer les raisins secs avec le kirsch.

Mélangez dans le bol du batteur ou dans un saladier la farine, les œufs, le lait, le sel, le sucre et la levure.

Pétrissez la pâte à la main ou avec le crochet du batteur.

Lorsque la pâte devient lisse et brillante ajoutez le beurre malaxé et tempéré.

Mélangez à nouveau votre pâte et lorsque celle-ci est homogène incorporez délicatement les raisins macérés.

Réservez la pâte dans un saladier et couvrez-la avec un film plastique ou un torchon propre.

Laissez la pâte doubler de volume dans un endroit chaud et à l'abri des courants d'air.

Prenez un moule à Kougelhopf de 25 cm de diamètre et beurrez généreusement les parois du moule.

Trempez les amandes dans un bol d'eau froide et disposez une amande dans chaque cannelure de votre moule à Kougelhopf.

Versez la pâte à Kougelhopf sur un plan de travail légèrement fariné.

Aplatissez la pâte et repliez les bords vers le centre de votre pâton jusqu'à ce que vous obteniez une boule.

Retournez la boule et à l'aide de votre pouce percez un trou au centre de la pâte.

Placez la pâte dans le moule et laissez-la lever dans un endroit chaud et à l'abri des courants d'air.

Enfournez le Kougelhopf dans un four préchauffé à 180°C dès que la pâte atteint la hauteur du moule.

La durée de la cuisson est de 40 à 45 min environ selon le four.

Streussel

Préparation : 30 min
Cuisson : 30-35 min

Ingrédients pour un Streussel de 500 à 600 g

Pour la pâte

- *250 g de farine*
- *40 g de sucre semoule*
- *5 g de sel fin*
- *1 œuf*
- *10 g de levure de boulanger*
- *80 g de lait*
- *60 g de beurre*

Pour le Streussel

- *100 g de farine*
- *70 g de beurre*
- *70 g de sucre*
- *1 cuillerée à café de cannelle (facultatif)*

Autres ingrédients

- *1 œuf pour la dorure*
- *Une noisette de beurre*

Pour la pâte

Mélangez dans le bol du batteur ou dans un grand saladier la farine, le sucre, le sel, la levure, l'œuf et le lait.

Pétrissez la pâte à la main ou avec le crochet du batteur.

Lorsque la pâte est lisse, ajoutez le beurre tempéré.

Mélangez la pâte jusqu'à ce qu'elle soit à nouveau lisse et bien homogène.

Réservez la pâte dans un saladier, couvrez-la avec un film plastique et laissez-la doubler de volume dans un endroit chaud et à l'abri des courants d'air.

Pour le Streussel

Pendant ce temps, mélangez dans un bol, la farine, le sucre, le beurre coupé en petits cubes et la cannelle.

Pétrissez la préparation en frottant les ingrédients entre vos mains pour obtenir des grumeaux de pâte.

Réservez le Streussel au frais.

Beurrez un moule rond ou un plat à tarte de 25 cm de diamètre.

Lorsque la pâte est suffisamment levée, versez-la sur le plan de travail fariné.

Aplatissez la pâte avec les mains et repliez ensuite les bords vers le centre pour former une boule.

Etalez la boule à l'aide d'un rouleau à pâtisserie à la dimension de votre moule. Placez la pâte dans le moule et remettez-la à lever à l'abri des courants d'air.

Lorsque la pâte a doublé de volume, badigeonnez celle-ci à l'aide d'un pinceau de dorure.

Emiettez le Streussel sur la pâte et enfournez dans un four préchauffé à 180°C.

La durée de la cuisson est de 30 à 35 min.

Démoulez et laissez refroidir sur une grille.

Tarte à la rhubarbe meringuée

Préparation : 30 min
Cuisson : 45-50 min

Ingrédients pour un moule à tarte de 28 cm de diamètre environ

- *450 g de pâte brisée (voir recette page 78)*
- *700 g de rhubarbe*
- *50 g de chapelure*

Pour le flan à tarte

- *1 œuf*
- *50 g de sucre*
- *20 g de maïzena*
- *100 g de lait ou de crème fraîche*

Pour la meringue

- *3 blancs d'œufs*
- *100 g de sucre semoule*
- *100 g de sucre glace*

Préparez la pâte à tarte et laissez-la reposer au froid pendant 30 min.

Epluchez la rhubarbe et coupez-la en tronçons de 1 cm de large.

Beurrez un moule à tarte de 28 cm de diamètre.

Etalez la pâte et foncez le moule à tarte. Parsemez le fond de tarte avec la chapelure. Disposez les morceaux de rhubarbe et répartissez-les dans le fond de tarte.

Enfournez la tarte dans un four préchauffé à 200°C.

Pour le flan à tarte

À l'aide d'un fouet, faites mousser l'œuf et le sucre dans un saladier.

Ajoutez la maïzena, mélangez et terminez le flan en ajoutant le lait ou la crème.

Laissez cuire la tarte pendant 20 à 25 min environ et versez le flan sur votre tarte.

Remettez la tarte au four pendant environ 25 à 35 min selon le four.

Après cuisson, démoulez la tarte sur une grille.

Pour la meringue

Battez les blancs d'œufs en neige ferme avec le sucre semoule. Ajoutez le sucre glace à l'aide d'une spatule.

Remplissez une poche pâtissière munie d'une douille cannelée de 10 mm de diamètre.

Dressez la meringue sur la tarte démoulée et remettez au four pendant 10 min environ.

Dès que la meringue commence à se colorer légèrement, défournez la tarte et laissez-la refroidir sur une grille.

Conseils et astuces

Mélangez la rhubarbe coupée avec 100 g de sucre semoule, laissez dégorger environ 2 h. Egouttez la rhubarbe avant utilisation.

Si vous ne désirez pas recouvrir la tarte de meringue, parsemez-la de sucre semoule.

Tarte au fromage blanc

Préparation : 20 min
Cuisson : 1h

Ingrédients pour 1 cercle de 20 cm de diamètre et de 6 cm de haut

- *250 g de pâte sablée (voir recette p. 78)*
- *300 g de fromage blanc à 0 % de matière grasse*
- *4 jaunes d'œufs*
- *1/2 zeste de citron râpé (facultatif)*
- *40 g de maïzena*
- *4 blancs d'œufs*
- *140 g de sucre semoule*

Autres ingrédients et matériel

- *1 cercle de 6 cm de haut*
- *30 g de raisins secs macérés au rhum*
- *1 cuillerée à soupe de sucre glace*

Préparez la pâte sablée et laissez-la reposer au froid. Beurrez le cercle.

Etalez la pâte à 4 mm d'épaisseur puis posez-la sur une plaque recouverte de papier sulfurisé.

Appuyez le cercle dans la pâte et enlevez ce qui dépasse. Parsemez le fond de raisins secs.

Pour la masse au fromage blanc

À l'aide d'un fouet, mélangez le fromage blanc, les jaunes d'œufs, le zeste de citron et la maïzena.

À l'aide d'un batteur électrique, montez les blancs d'œufs avec le sucre en neige ferme.

Incorporez délicatement les blancs en neige au premier mélange.

Versez la masse au fromage blanc dans le cercle et répartissez-la de façon homogène.

Mettez à cuire dans un four préchauffé à 160°C pendant 1h environ.

Lorsque votre tarte est cuite, laissez-la tiédir puis retournez la tarte sur une grille.

Après refroidissement, retournez la tarte puis décorez le bord de la tarte avec un peu de sucre glace.

Tarte aux cerises

Préparation : 20 min
Cuisson : 45-55 min

Ingrédients pour 1 moule à tarte 28 cm de diamètre environ

- *450 g de pâte sucrée (voir recette p. 78)*
- *500 à 600 g de cerises*

Pour le flan à tarte

- *1 œuf*
- *50 g de sucre*
- *60 g d'amandes en poudre*
- *50 g de crème fraiche*
- *100 g de lait*

Beurrez un moule à tarte de 28 cm de diamètre.

Etalez la pâte à 2-3 mm d'épaisseur environ et foncez le moule à tarte.

Piquez le fond à l'aide une fourchette.

Dénoyautez les cerises et versez-les dans le fond de tarte.

Enfournez la tarte dans un four préchauffé à 200°C.

Pour le flan à tarte

À l'aide d'un fouet, faites mousser l'œuf et le sucre dans un saladier.

Ajoutez les amandes, la crème et le lait et mélangez.

Versez le flan sur votre tarte après 15 à 20 min de cuisson.

Remettez au four pendant environ 30 à 35 min.

Après cuisson, démoulez la tarte sur une grille.

Tarte aux pommes à l'alsacienne
Apfelkuche

Préparation : 20 min
Cuisson : 45-55 min

Ingrédients pour 1 moule à tarte 28 cm de diamètre environ

- *4 à 6 pommes*
- *450 g de pâte brisée (voir recette p. 78)*

Pour le flan à tarte

- *1 œuf*
- *50 g de sucre*
- *100 g de crème fraîche*
- *50 g de lait*

Autre ingrédient

- *Beurre*

Beurrez un moule à tarte de 28 cm de diamètre.

Etalez la pâte à 2-3 mm d'épaisseur environ et foncez le moule à tarte.

Piquez le fond à l'aide une fourchette.

Epluchez, épépinez et coupez les pommes en quartiers.

Emincez chaque quartier de pomme en fines lamelles.

Placez-les en rosace dans le fond de tarte.

Enfournez la tarte dans un four préchauffé à 200°C.

Préparez le flan à tarte : à l'aide d'un fouet, faites mousser l'œuf et le sucre dans un saladier.

Ajoutez le lait et la crème et mélangez.

Laissez cuire la tarte pendant 15 à 20 min environ et versez le flan sur les pommes.

Remettez la tarte au four pendant environ 30 à 35 min selon le four.

Après cuisson, démoulez la tarte sur une grille.

Tarte aux quetsches à l'alsacienne
Quetschekuche

Préparation : 20 min
Cuisson : 45-50 min

Ingrédients pour 1 moule à tarte 28 cm de diamètre environ

- *450 g de pâte brisée (voir recette p. 78)*
- *800 g de quetsches*
- *50 g de chapelure*

Autres ingrédients

- *50 g de sucre*
- *½ cuillerée à café de cannelle*

Beurrez un moule à tarte de 28 cm de diamètre.

Etalez la pâte à 3 mm d'épaisseur environ et foncez le moule à tarte.

Piquez le fond de tarte à l'aide d'une fourchette.

Parsemez la chapelure dans le fond de la tarte.

Lavez les quetsches, égouttez-les, coupez-les en deux, enlevez les noyaux et disposez-les sur la tarte.

Placez-les en rosace dans le fond de tarte.

Enfournez la tarte dans un four préchauffé à 180°C pendant 45 à 50 min environ.

Après cuisson, démoulez la tarte sur une grille.

Mélangez le sucre semoule et la cannelle.

Parsemez la tarte de sucre cannelle.

Tarte flambée aux pommes
Apfelflammekuche

Préparation : 20 min
Cuisson : 8-10 min

Ingrédients pour 3 tartes flambées de 20 x 30 cm

Pour la pâte
- *250 g de farine*
- *5 g de sel*
- *150 g d'eau*
- *10 g de levure*
- *20 g de beurre*

Pour la préparation au fromage blanc
- *150 g de fromage blanc*
- *50 g de crème épaisse*
- *50 g sucre*
- *1 œuf*

Autres ingrédients
- *3 à 4 pommes*
- *Sucre semoule*
- *Cannelle en poudre*
- *1 petit verre de Calvados ou de Rhum (facultatif)*
- *Beurre*

Pour la pâte

Mélangez dans le bol du batteur ou dans un saladier la farine, le sel, la levure et l'eau.

Pétrissez la pâte à la main ou avec le crochet du batteur.

Réservez la pâte dans un saladier, couvrez-la avec un film plastique et laissez-la doubler de volume.

Pour la préparation au fromage blanc

Mélangez dans un bol, le fromage blanc, l'œuf, la crème épaisse et le sucre.

Lorsque la pâte est suffisamment levée, versez-la sur le plan de travail fariné.

Détaillez des pâtons de 150 g environ.

Aplatissez les morceaux de pâte avec les mains et repliez ensuite les bords vers le centre pour former une boule.

À l'aide d'un rouleau, étalez les boules à une épaisseur de 1 à 2 mm environ.

Disposez les fonds de pâte sur une plaque légèrement farinée.

Etalez la masse au fromage blanc sur le fond de pâte.

Epluchez, épépinez, et émincez les pommes puis disposez-les sur le fromage blanc.

Mélangez le sucre et la cannelle et parsemez-en les tartes flambées.

Disposez quelques noisettes de beurre.

Enfournez dans un four préchauffé à 260-270°C.

La durée de la cuisson est de 8 à 10 min selon le four.

Dès la sortie du four arrosez éventuellement avec le Calvados et faites flamber.

Servez aussitôt la tarte flambée encore chaude.

Tartelettes aux myrtilles

Préparation : 20 min
Cuisson : 30-35 min

Ingrédients pour 6 tartelettes de 12 cm de diamètre

- *400 g de pâte sablée (voir recette p. 78)*

Autres ingrédients

- *400 g de myrtilles*
- *Beurre*
- *Flan à tarte (voir p. 18)*

Beurrez les moules à tartelette.

Etalez la pâte à 3 mm d'épaisseur environ.

Détaillez des disques de pâte de 14 cm de diamètre et foncez les moules à tartelette.

Piquez les fonds à l'aide une fourchette.

Nettoyez, lavez et égouttez les myrtilles avant de les disposer dans les fonds de tartelette.

Versez le flan à tarte à mi-hauteur.

Enfournez dans un four préchauffé à 180°C pendant 30 à 35 min environ.

Après refroidissement, saupoudrez les myrtilles de sucre semoule.

Conseils et astuces

Si vous utilisez des myrtilles surgelées, parsemez un peu de chapelure dans votre fond de tarte avant d'y déposer les myrtilles.

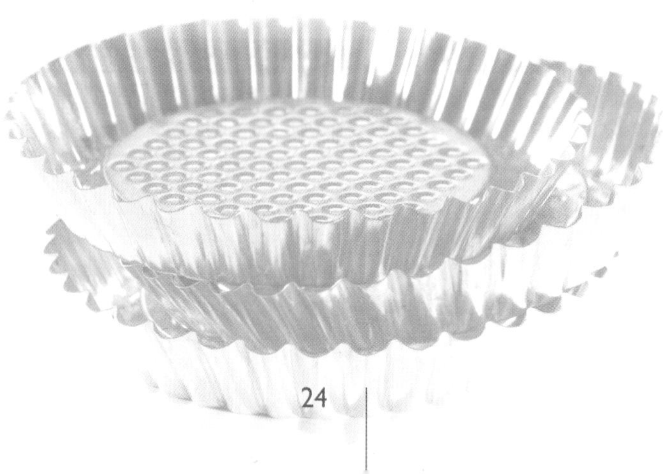

Tarte à la façon de Linz
Linzertorte

Préparation : 20 min
Cuisson : 30-40 min

Ingrédients pour une tarte de 20 cm de diamètre

- *90 g de sucre semoule*
- *75 g de beurre*
- *1 œuf*
- *50 g d'amandes en poudre grise*
- *5 g de cannelle*
- *220 g de farine*
- *1 g de levure chimique*

Autres ingrédients

- *200 g de confiture de framboises avec pépins*
- *1 œuf pour la dorure*

Tamisez la farine avec la levure chimique et la cannelle.

Coupez le beurre en petits morceaux et mélangez-les avec la farine.

Sablez la farine avec le beurre et ajoutez les amandes en poudre grise.

À l'aide d'un fouet, mélangez le sucre et l'œuf.

Incorporez l'œuf à la farine et malaxez la pâte avec les mains.

Réservez la pâte au frais pendant au moins 1 h.

Pesez environ 350 g de pâte et étalez celle-ci en rond à un diamètre d'environ 24 cm.

Déposez la pâte dans le moule et appuyez-la pour former les bords.

Coupez les bords à l'aide d'un couteau.

Lissez la confiture à l'aide d'un fouet et répartissez-la dans le fond de tarte.

Etalez le reste de pâte à une épaisseur de 4 mm et découpez des bandelettes à l'aide d'une roulette cannelée

Formez un quadrillage de bandelettes sur la tarte.

À l'aide d'un pinceau, badigeonnez les croisillons avec de la dorure.

Enfournez dans un four préchauffé à 180°C durant 30 à 40 min.

Bretzels de carnaval

Préparation : 30 min
Cuisson : 8-10 min

Ingrédients pour 7 à 8 beignets

- *275 g de farine*
- *3 jaunes d'œufs*
- *35 g de sucre semoule*
- *5 g de sel fin*
- *10 g de levure de boulanger*
- *25 g de lait*
- *80 g d'eau*
- *35 g de beurre*

Autres ingrédients

- *1 litre d'huile pour friture*
- *Sucre semoule*
- *Cannelle*

Mélangez dans le bol du batteur la farine, les jaunes d'œufs, le lait, l'eau, le sel, le sucre et la levure.

Pétrissez la pâte avec le crochet du batteur.

Lorsque la pâte devient lisse et brillante, ajoutez le beurre malaxé et tempéré.

Mélangez votre pâte et lorsque celle-ci est homogène, réservez-la dans un saladier et couvrez-la avec un film plastique. Laissez la pâte doubler de volume dans un endroit chaud et à l'abri des courants d'air.

Versez la pâte à beignets sur un plan de travail légèrement fariné.

Coupez la pâte en morceaux de 70 g environ.

Aplatissez chaque morceau de pâte et repliez les bords vers le centre de votre pâton jusqu'à ce que vous obteniez une petite boule.

Façonnez les boules en forme de boudins.

Allongez-les boudins à une longueur d'environ 60 cm.

Formez une boucle avec les boudins, croisez-les et repliez-les vers la partie centrale du bretzel. Collez les bouts avec un peu d'eau.

Disposez les bretzels sur une plaque recouverte d'un torchon propre.

Recouvrez d'un film plastique et placez le plateau dans un endroit chaud et à l'abri des courants d'air.

Faites chauffer l'huile de friture à 180°C.

Dès que les beignets ont doublé de volume placez-les un à un dans la friture chaude.

Retournez les beignets à l'aide d'une spatule en bois. La durée de la cuisson est de 3 à 4 min de chaque coté selon la taille de vos beignets.

Dès que les beignets ont une belle couleur, sortez-les de l'huile et égouttez-les sur du papier absorbant.

Parsemez de sucre cannelle lorsque vos beignets sont tièdes.

Cuisses de dames

Préparation : 25 min
Cuisson : 5 min

Ingrédients pour 6 personnes

- *300 g de farine*
- *5 g de levure chimique*
- *75 g de sucre semoule*
- *75 g de beurre*
- *50 g d'amandes grillées en poudre*
- *3 œufs*

Autres ingrédients

- *Sucre semoule*
- *Cannelle en poudre*
- *Sucre glace*

Mélangez tous les ingrédients dans le bol du batteur ou dans un saladier.

Pétrissez la pâte à la main ou avec le crochet du batteur jusqu'à ce qu'elle soit homogène.

Façonnez un boudin de 3 cm de diamètre environ.

Coupez des tranches d'1 cm d'épaisseur et façonnez-les en petits boudins de 4 à 5 cm de long.

Mettez à chauffer l'huile de la friteuse à 180°C.

Déposez-y délicatement quelques boudins.

Retournez-les au bout d'une minute à l'aide d'une fourchette pour qu'ils soient bien dorés.

Laissez-les encore une minute puis sortez-les de la friteuse.

Faites-les égoutter sur du papier absorbant.

Mélangez un peu de sucre semoule avec de la cannelle en poudre.

Roulez les cuisses dans le sucre cannelle et parsemez éventuellement de sucre glace.

Eclats
Scherwa

Préparation : 15 min
Cuisson : 4-5 min

Ingrédients

- *500 g de farine*
- *10 g de sel*
- *10 g de levure chimique*
- *30 g de sucre semoule*
- *250 g de crème fraîche liquide*
- *3 œufs*
- *1 zeste de citron râpé*

Autres ingrédients

- *Sucre semoule*
- *Cannelle en poudre*
- *Sucre glace*

Mélangez tous les ingrédients dans le bol du batteur ou dans un grand saladier.

Pétrissez la pâte à la main ou avec le crochet du batteur jusqu'à ce qu'elle soit homogène.

Etalez cette pâte à environ 5 mm d'épaisseur.

Avec une roulette crantée, détaillez des losanges d'environ 4 cm de coté.

Mettez à chauffer la friteuse à 180°C.

Déposez-y délicatement quelques losanges de pâte.

Après une minute, retournez-les à l'aide d'une fourchette pour qu'ils soient bien dorés.

Laissez-les encore une minute puis sortez-les de la friteuse.

Laissez-les égoutter sur du papier absorbant.

Roulez les éclats dans du sucre semoule ou sucre cannelle et parsemez éventuellement de sucre glace.

Alsace

Agneau Pascal
Lamele

Préparation : 30 min
Cuisson : 40-45 min

Ingrédients pour 1 moule

- *4 blancs d'œufs*
- *60 g de sucre + 60 g de sucre*
- *4 jaunes d'œufs*
- *20 g de maïzena*
- *100 g de farine*
- *1 zeste de citron*

Autres ingrédients

- *50 g de beurre*
- *Farine*

Préchauffez votre four à 180°C.

Beurrez et farinez généreusement votre moule en terre cuite.

Enlevez l'excédent de farine, assemblez le moule et posez-le sur une plaque.

Tamisez la farine avec la maïzena.

Dans un saladier, faites mousser les jaunes d'œufs et la première partie du sucre.

Battez en meringue les blancs d'œufs avec la deuxième partie de sucre.

Lorsque les blancs sont montés, ajoutez et mélangez les jaunes puis incorporez délicatement la farine et le zeste de citron à l'aide d'une spatule.

Evitez de mélanger trop longuement la préparation afin de ne pas la faire retomber.

Versez la pâte à biscuit dans le moule et mettez à cuire pendant 40 à 45 min environ selon le four.

Vérifiez la cuisson à l'aide de la pointe d'un petit couteau : si la lame ressort sèche, votre agneau est cuit.

Après cuisson et refroidissement complet, tamisez généreusement de sucre glace.

Décorez avec un ruban ou un petit drapeau.

Conseils

Tout comme pour le Kougelhopf, il est préférable d'utiliser un moule en terre cuite qui restituera bien mieux son goût bien spécifique.

Pour la première utilisation de votre moule, beurrez-le généreusement et mettez-le au four pendant une bonne heure. Laissez refroidir jusqu'au lendemain et nettoyez-le ensuite avec du papier absorbant sans le laver.

Bonhomme de Saint Nicolas

Manele

Préparation : 25 min
Cuisson : 15 min

Ingrédients pour
8 bonhommes environ

- *300 g de farine de gruau*
- *50 g de sucre semoule*
- *5 g de sel fin*
- *1 œuf*
- *20 g de levure de boulanger*
- *110 g de lait*
- *75 g de beurre*

Autres ingrédients

- *1 œuf pour la dorure*
- *Raisins secs ou pépites de chocolat*

Mélangez dans le bol du batteur ou dans un grand saladier la farine, le sucre, le sel, la levure, l'œuf et le lait.

Pétrissez la pâte à la main ou avec le crochet du batteur.

Lorsque la pâte est lisse, ajoutez le beurre tempéré.

Mélangez la pâte jusqu'à ce qu'elle soit à nouveau lisse et bien homogène.

Couvrez la pâte avec un film plastique et laissez-la doubler de volume dans un endroit chaud et à l'abri des courants d'air.

Lorsque la pâte est suffisamment levée, versez-la sur le plan de travail fariné.

Détaillez des pâtons de 75 g environ.

Aplatissez chaque morceau de pâte avec les mains et repliez ensuite les bords de la pâte vers le centre pour former une boule. Allongez les boules et formez des petits boudins de pâte en forme de carotte.

Prenez la partie la plus large et formez la tête du bonhomme avec le tranchant de la main.

Disposez les morceaux de pâte sur une plaque préalablement beurrée.

Appuyez les bonhommes sur la plaque et à l'aide d'un petit couteau entaillez le corps pour découper les bras.

Coupez ensuite la base en deux parties égales pour les jambes.

Appuyez dans chaque bonhomme, deux raisins secs pour les yeux et un pour le nombril.

Couvrez les bonhommes avec un film plastique alimentaire et laissez-les doubler de volume dans un endroit chaud et à l'abri des courants d'air.

Lorsque la pâte a doublé de volume, badigeonnez-la à l'aide d'un pinceau de dorure. Enfournez dans un four préchauffé à 180°C pendant 15 min environ.

Brioche de Noël
Christollen

Préparation : 35 min
Cuisson : 30 min

Ingrédients

- *250 g de farine*
- *5 g de sel*
- *40 g de sucre semoule*
- *15 g de levure*
- *1 œuf*
- *80 g de lait*
- *75 g de beurre*
- *25 g de raisins secs macérés au rhum*
- *50 g d'écorces d'oranges confites en cubes*
- *50 g d'écorces de citrons confits en cubes*
- *50 g de noisettes entières*
- *50 g d'amandes hachées*
- *25 g de noix hachées*
- *½ zeste de citron râpé*

Autres ingrédients

- *50 g de beurre fondu pour badigeonner*
- *150 g de pâte d'amandes nature*
- *Sucre cannelle ou sucre glace*

Disposez les noisettes, les noix et les amandes hachées sur une plaque.

Faites-les griller au four à une température de 160 °C jusqu'à légère coloration.

Mélangez dans le bol du batteur ou dans un saladier la farine, l'œuf, le lait, le sel, le sucre et la levure.

Pétrissez la pâte à la main ou avec le crochet du batteur. Lorsque la pâte devient lisse ajoutez le beurre tempéré.

Mélangez à nouveau votre pâte jusqu'à ce que le beurre soit incorporé et que la pâte soit homogène.

Ajoutez les fruits secs grillés et refroidis, les cubes d'écorces d'oranges et de citrons, les raisins macérés au rhum ainsi que le zeste de citron râpé et terminez le mélange. Couvrez la pâte avec un film plastique et laissez-la doubler de volume au chaud et à l'abri des courants d'air.

Lorsque la pâte a doublé de volume, versez-la sur un plan de travail légèrement fariné.

Divisez la pâte en deux pâtons, façonnez-les en forme de boule et laissez-les reposer 15 min.

À l'aide d'un rouleau, étalez les boules pour obtenir des disques ovales d'environ 25 cm de long et 15 cm de large. Pliez en 2 en superposant la pâte et disposez les brioches de Noël sur une plaque préalablement beurrée. Badigeonnez les brioches avec du beurre fondu et laissez-les lever dans un endroit chaud.

Lorsque la pâte a doublé de volume, badigeonnez une nouvelle fois avec du beurre et enfournez dans un four préchauffé à 180°C. La durée de la cuisson est de 30 min environ.

Après cuisson badigeonnez une dernière fois de beurre fondu et selon vos préférences, parsemez de sucre cannelle ou recouvrez les brioches de Noël de sucre glace à l'aide d'un tamis.

Cœurs de pain d'épices

Préparation : 25 min
Cuisson : 15-20 min

Ingrédients pour 2 ou 3 cœurs

- *350 g de farine*
- *200 g de miel*
- *60 g de sucre*
- *1 œuf*
- *1 jaune d'œuf*
- *6 g de carbonate d'ammonium*
- *5 g de lait*
- *5 g de Kirsch*
- *5 g de cannelle*
- *6 g d'épices pour pain d'épices*

Autres ingrédients

- *Lait*
- *Amandes entières, bigarreaux confits, badiane, bâtonnets de cannelle, cerneaux de noix, noisettes, amandes, graines de cardamome, pistaches…*

La veille

Mélangez la farine, la cannelle et les épices à pains d'épices.

Mélangez le lait et le carbonate d'ammonium.

Mettez le miel et le sucre dans une casserole et faites chauffer à feu doux.

Lorsque le miel est chaud (environ 60°C) versez-le sur la farine et pétrissez la pâte.

Incorporez les œufs et pétrissez jusqu'à refroidissement complet.

Ajoutez ensuite le Kirsch et le carbonate d'ammonium mélangé au lait.

Emballez la pâte dans un film plastique et réservez-la au frais pendant 24 h au minimum.

Le jour même

Sortez la pâte du réfrigérateur 1 h avant utilisation.

Etalez un petit bout de pâte et faites un test de cuisson dans un four préchauffé à 180°C : si le dessus de la pâte est boursouflé retravaillez-la avec un peu de farine pour la raffermir.

Etalez la pâte à une épaisseur de 5 mm.

Découpez des cœurs à l'aide d'un emporte-pièce.

Disposez les cœurs sur une plaque légèrement farinée.

Badigeonnez les cœurs avec du lait froid.

Décorez avec les fruits et les épices.

Enfournez dans un four préchauffé à 180°C pendant 15 à 20 min.

Laissez refroidir les cœurs avant de les emballer.

Langues de pain d'épices
LebkucheZunge

Préparation : 35 min
Cuisson : 8-10 min

Ingrédients

Pour la pâte à pain d'épices

- *300 g de farine*
- *200 g de miel*
- *60 g de sucre semoule*
- *1 jaune d'œuf*
- *1 œuf*
- *6 g de carbonate d'ammonium*
- *2 cuillerées à soupe de lait*
- *5 g de kirsch*
- *5 g de cannelle*
- *6 g d'épices pour pain d'épices*
- *50 g d'amandes grillées concassées*
- *50 g de noisettes grillées concassées*
- *50 g d'écorces de citrons confits coupés en cubes*
- *50 g d'écorces d'oranges confites coupées en cubes*

Pour la glace royale

- *1 blanc d'œuf*
- *150 g de sucre glace tamisé*

Autre ingrédient

- *Lait*

La veille

Mélangez dans le bol du batteur ou dans un grand bol la farine, la cannelle et les épices à pains d'épices.

Dans un autre récipient, mélangez le lait et le carbonate d'ammonium. Mettez le miel et le sucre dans une casserole et faites-le chauffer à feu doux.

Lorsque le miel atteint environ 60°C, versez-le sur la farine et pétrissez la pâte à l'aide d'une spatule en bois ou avec le crochet du batteur.

Incorporez les œufs tout en continuant de mélanger la pâte. Pétrissez-la jusqu'à refroidissement complet. Ajoutez ensuite le kirsch et le carbonate d'ammonium mélangé au lait. Terminez la préparation en incorporant les fruits secs et les fruits confits.

Emballez la pâte dans un film plastique et réservez celle-ci au frais.

Le jour même

Sortez votre pâte du réfrigérateur et laissez-la une trentaine de minutes à température ambiante.

Sur le plan de travail légèrement fariné, étalez la pâte à une épaisseur de 1 à 2 mm. Enlevez le surplus de farine et découpez les langues à l'aide d'un emporte-pièce pour pain d'épices.

Disposez les langues sur une plaque légèrement farinée. À l'aide d'un pinceau, badigeonnez les langues avec du lait froid. Enfournez aussitôt dans un four préchauffé à 180°C pendant 8 à 10 min. Après cuisson, laissez refroidir vos langues de pain d'épices avant de les décoller des plaques.

Mélangez le blanc d'œuf et le sucre glace à l'aide d'un fouet. Lorsque la glace royale est bien battue, badigeonnez les langues à l'aide d'un pinceau. Faites sécher le glaçage au four pendant 1 à 2 min à 160°C.

Pain aux fruits
Hutzelbrot

Préparation : 40 min
Cuisson : 45-50 min

Ingrédients pour 2 pièces

Pour le mélange de fruits

- *50 g de dattes séchées*
- *50 g de figues séchées*
- *50 g de pommes séchées*
- *50 g de poires séchées*
- *40 g d'abricots secs*
- *60 g de noix*
- *40 g de pruneaux*
- *30 g de raisins secs*
- *25 g de sucre semoule*
- *25 g de miel*
- *60 g de Kirsch d'Alsace*

Pour la pâte

- *5 g de levure*
- *80 g de farine*
- *2 g de sel*
- *50 g de lait*

Pour le sirop

- *30 g d'eau*
- *50 g de sucre*

Autres ingrédients

- *Bigarreaux confits*
- *Cerneaux de noix*

La veille

Coupez tous les fruits en petits cubes de la même taille et mélangez tous les fruits avec le sucre, le miel et l'alcool. Mettez le-tout dans un récipient hermétiquement fermé.

Le lendemain

Mélangez dans le bol du batteur ou dans un grand saladier la farine, la levure, le sel et le lait.

Pétrissez la pâte à la main ou avec le crochet du batteur jusqu'à ce qu'elle soit lisse et bien homogène.

Couvrez la pâte avec un film plastique alimentaire et laissez-la doubler de volume dans un endroit chaud et à l'abri des courants d'air.

Incorporez peu à peu à la main les fruits macérés à la pâte. A la fin du mélange la pâte est complètement liée aux fruits.

Pesez des pâtons de 300 g.

Mouillez le plan de travail et les mains pour façonner des pâtons en forme de navettes.

Disposez aussitôt sur une plaque recouverte de papier sulfurisé. Décorez avec des demi-bigarreaux et des cerneaux de noix.

Laissez reposer ½ h et mettez à cuire dans un four préchauffé à 160-170 °C pendant 45 à 50 min.

Mélangez le sucre et l'eau dans une casserole et faites bouillir à gros bouillons. Badigeonnez les pains aux fruits dès la sortie du four avec le sirop chaud.

Conseils et astuces :

Vérifiez la température à l'aide d'une aiguille métallique :

piquez l'aiguille dans le pain aux fruits, laissez-la 5 secondes, ressortez-la et si l'aiguille est chaude au toucher votre pain aux fruits est cuit.

Brioches de Nouvel An
Stollen

Préparation : 25 min
Cuisson : 15-20 min

Ingrédients pour 8 pièces

- *250 g de farine*
- *40 g de sucre semoule*
- *5 g de sel fin*
- *2 œufs*
- *10 g de levure de boulanger*
- *40 g de lait*
- *65 g de beurre*
- *60 g de raisins de Corinthe*

Autre ingrédient

- *1 œuf pour la dorure*

Mélangez dans le bol du batteur ou dans un grand saladier la farine, les œufs, le lait, le sel, le sucre et la levure.

Pétrissez la pâte à la main ou avec le crochet du batteur.

Lorsque la pâte devient lisse et brillante ajoutez le beurre malaxé et tempéré.

Mélangez votre pâte et lorsque celle-ci est homogène incorporez délicatement les raisins de Corinthe.

Couvrez la pâte avec un film plastique et laissez-la doubler de volume dans un endroit chaud.

Versez la pâte sur le plan de travail légèrement fariné. Pesez des pâtons de 70 g.

Aplatissez les pâtons et repliez les bords vers le centre de votre pâton jusqu'à ce que vous obteniez de belles boules de pâte bien lisses.

Placez les boules de pâte sur une plaque préalablement beurrée.

Laissez les brioches lever dans un endroit chaud et à l'abri des courants d'air.

Lorsqu'elles ont doublé de volume, badigeonnez-les à l'aide d'un pinceau de dorure.

Coupez quatre fois les pâtons avec des ciseaux. Les coups de ciseaux doivent former une croix.

Enfournez les brioches dans un four préchauffé à 180°C.

La durée de la cuisson est de 15 à 20 min environ selon le four.

Conseils et astuces

Afin d'éviter que les ciseaux ne collent à la pâte, trempez la pointe des ciseaux dans la dorure avant de couper les brioches.

Forêt-Noire
Schwartzwalder

Préparation : 45 min
Cuisson : 10 min

Ingrédients pour 6 personnes

Ingrédients pour la génoise chocolat

- *4 œufs*
- *120 g de sucre*
- *100 g de farine*
- *30 g de cacao*

Sirop

- *100 g d'eau*
- *100 g de sucre*
- *50 g de kirsch*

Crème Chantilly

- *500 g de crème fraîche liquide*
- *50 g de sucre semoule*

Autres ingrédients

- *400 g de griottes*
- *1 tablette de chocolat noir*

Pour le biscuit génoise

Chauffez au bain-marie les œufs et le sucre à environ 50°C. Fouettez ensuite les œufs au batteur électrique jusqu'à obtention d'une masse légère.

Tamisez la farine et le cacao, puis à l'aide d'une spatule, incorporez délicatement la farine au premier mélange. Evitez de faire retomber la masse en mélangeant trop longtemps.

Divisez puis étalez cette masse sur 2 plaques recouvertes de papier sulfurisé à l'aide d'une palette sur une épaisseur d'environ 8 mm. Enfournez dans un four préchauffé à 220°C pendant environ 10 min.

Dès la sortie du four, glissez la feuille de biscuit sur le plan de travail.

Pour le sirop

Chauffez l'eau et le sucre à ébullition pour faire un sirop et laissez-le refroidir. Ajoutez le kirsch.

Pour la Chantilly

Battez la crème bien froide et le sucre à l'aide d'un batteur électrique ou d'un fouet pour obtenir une crème Chantilly onctueuse.

Montage de la Forêt-Noire

Préparez la crème Chantilly et mettez-la dans une poche munie d'une douille unie de 10 mm.

À l'aide d'un emporte-pièce de 10 cm de diamètre, détaillez 18 ronds de biscuit génoise. Imbibez-les avec le sirop à l'aide d'un pinceau. .

Garnissez de crème Chantilly 6 fonds de biscuit pour obtenir une couche d'1cm d'épaisseur. Parsemez de griottes au sirop.

Posez la deuxième couche de génoise et recommencez l'opération.

Posez le dernier étage du biscuit génoise et recouvrez-le de crème Chantilly.

Raclez une tablette de chocolat avec un couteau économe pour faire des copeaux.

Parsemez chaque Forêt-Noire de copeaux de chocolat et réservez au froid avant de servir.

Granité aux quetsches
Gremmelkueche

Préparation : 15 min
Cuisson : 45 min

Ingrédients pour le granité

- *250 g de farine*
- *5 g de levure chimique*
- *5 g de cannelle*
- *100 g de sucre semoule*
- *75 g de beurre*
- *1 œuf*

Autres ingrédients

- *600 g de quetsches d'Alsace*
- *Sucre glace*
- *Beurre*

Frottez avec les mains la farine, la levure chimique, la cannelle et le beurre jusqu'à ce que la préparation prenne un aspect sableux.

Mélangez l'œuf et le sucre et incorporez le mélange à la masse sableuse.

Travaillez la masse avec le bout des doigts afin d'obtenir des grumeaux.

Lorsque le granité est mélangé, réservez-le au froid pendant environ 1 h.

Dénoyautez les quetsches.

Préparez un plat beurré et répartissez plus de la moitié du granité dans le fond.

Disposez les quetsches en rangées serrées sur le granité.

Recouvrez les quetsches avec la deuxième partie du granité restant.

Mettez à cuire dans un four préchauffé à 200°C durant environ 40 à 45 min.

Conseil

Ce dessert peut se déguster chaud, tiède ou froid.

Mendiant
Bettelman

Préparation : 20 min
Cuisson : 35-45 min

Ingrédients

- *200 g de pain ou de pain de mie rassis*
- *150 g sucre semoule*
- *2 œufs*
- *400 g de lait*

- *600 g de cerises*

Autres ingrédients

- *Beurre*
- *Chapelure*

1 à 2 h avant

Ecrasez le pain et mettez-le dans un grand saladier.

Faites bouillir le lait, versez-le sur le pain et mélangez le tout pendant une minute.

Lorsque le pain de mie est bien ramolli, ajoutez le sucre et les œufs.

À l'aide d'une spatule, mélangez les ingrédients pour obtenir une masse homogène.

Rectifiez éventuellement la consistance avec un peu de lait.

La masse doit être de la même texture qu'une purée.

Equeutez les cerises et incorporez-les à la préparation.

Mélangez-les délicatement avec la spatule.

Beurrez généreusement un moule à gratin ou des moules à ramequins individuels.

Versez la préparation dans le moule.

Saupoudrez avec la chapelure.

Enfournez dans un four préchauffé à 180°C pendant 35 à 45 min environ.

Laissez refroidir le mendiant dans le plat.

Nid d'abeille

Préparation : 1 h
Cuisson : 30-35 min

Ingrédients pour 1 moule à tarte de 24 cm de diamètre

Pour la pâte

- *150 g de farine*
- *3 g de sel fin*
- *30 g de sucre semoule*
- *10 g de levure de boulanger*
- *1 œuf*
- *30 g de lait*
- *50 g de beurre*

Pour la masse à nid d'abeille

- *30 g de beurre*
- *30 g de sucre semoule*
- *20 g de miel*
- *10 g de lait*
- *50 g d'amandes effilées*

Autres ingrédients

- *crème pâtissière (voir p. 79)*
- *1 œuf pour la dorure*
- *Beurre*
- *Rhum*

Pour la pâte

Mélangez et pétrissez dans le bol du batteur avec le crochet, la farine, le sucre, le sel, la levure, l'œuf et le lait. Lorsque la pâte est lisse, ajoutez le beurre tempéré. Mélangez la pâte jusqu'à ce qu'elle soit homogène.

Couvrez la pâte et laissez-la doubler de volume. Lorsque la pâte est suffisamment levée, versez-la sur le plan de travail fariné.

Aplatissez-la avec les mains et repliez ensuite les bords vers le centre pour former une boule.

Retournez la boule de pâte et étalez-la à la dimension d'un moule à tarte de 24 cm de diamètre.

Posez la pâte dans le moule beurré.

Laissez la pâte doubler de volume dans le moule.

Pour la masse à nid d'abeille

Mettez dans une casserole le beurre, le sucre, le lait et le miel. Faites chauffer le mélange jusqu'à ce que le sucre soit fondu. Ajoutez les amandes effilées et mélangez. Versez la masse encore chaude sur la pâte.

Réalisation

Lorsque la pâte a doublé de volume, badigeonnez-la à l'aide d'un pinceau de dorure.

Etalez la masse avec les amandes régulièrement sur toute la surface à l'aide d'une palette.

Enfournez dans un four préchauffé à 180°C. La durée de la cuisson est d'environ 30 à 35 min.

Après cuisson, démoulez le nid d'abeille et disposez-le sur une grille jusqu'à complet refroidissement.

À l'aide d'un fouet, mélangez la crème pâtissière et le Rhum. Coupez le nid d'abeille horizontalement à l'aide d'un couteau à dents. A l'aide d'une palette, étalez la crème sur le fond du nid d'abeille.

Replacez le couvercle avec les amandes sur la crème pâtissière et réservez le nid d'abeille au froid.

Savarin au Kirsch d'Alsace
et coulis de griottes

Préparation : 40 min
Cuisson : 20 min

Ingrédients pour 6 savarins

Pour la pâte

- *75 g de farine*
- *12 g de sucre semoule*
- *1 g de sel fin*
- *2 œufs*
- *5 g de levure de boulanger*
- *20 g de beurre*

Pour le coulis de griottes

- *200 g de griottes au sirop égouttées*
- *100 g de sucre semoule*

Pour le sirop

- *500 g d'eau*
- *250 g de sucre*

Autres ingrédients et matériel

- *6 petits moules individuels à Kougelhopf en silicone*
- *100 g de crème fluide pour crème Chantilly*
- *6 griottes au Kirsch*
- *1 petit verre de Kirsch*

Pour la pâte à savarin

Dans un saladier ou dans le bol du batteur, mélangez la farine, le sucre, le sel, la levure de boulanger et les œufs. Faites fondre le beurre et ajoutez-le à la préparation.

Lorsque le mélange est homogène, versez la pâte molle dans une poche pâtissière munie d'une douille unie d'environ 10 mm.

Remplissez les moules à Kougelhopf au tiers de leur hauteur. Laissez gonfler les savarins à ras bord du moule puis enfournez à 180°C pendant environ 20 min.

Démoulez et laissez refroidir les petits Kougelhopf sur une grille.

Pour le coulis de griottes

Mixez les griottes et le sucre et filtrez la pulpe obtenue à travers une passoire.

Réservez le coulis obtenu au frais jusqu'à utilisation.

Pour le sirop de trempage

Préparez un sirop avec 500 g d'eau et 250 g de sucre. Faites bouillir et laissez tiédir à environ 50°C.

Montage

Trempez les Kougelhopf dans le sirop tête en bas pendant 2 min puis retournez-les et laissez-les encore tremper 5 min.

Sortez-les à l'aide d'une écumoire et laissez-les égoutter sur une grille. Versez un filet de coulis de griottes dans chaque assiette. Arrosez les savarins avec une cuillerée à soupe de Kirsch et disposez-les sur les assiettes.

Garnissez chaque savarin d'une rosace de crème Chantilly et décorez avec une griotte macérée au Kirsch.

Servez bien frais.

Tarte biscuitée au Kirsch

Préparation : 1 h
Cuisson : 35-40 min

Ingrédients pour 9 petites pièces de 8 cm de diamètre

Pour les fonds de succès

- *60 g de blancs d'œufs*
- *60 g de sucre*
- *20 g de noisettes en poudre*
- *20 g d'amandes en poudre*
- *10 g de farine*

Pour la pâte à biscuit

(voir p. 79)

Pour le sirop

- *100 g d'eau*
- *75 g de sucre*
- *15 g de kirsch*

Pour la crème au beurre

- *150 g de sucre*
- *50 g d'eau*
- *1 œuf*
- *200 g de beurre*
- *20 g de kirsch*

Pour les fonds de succès

Mélangez les noisettes et les amandes en poudre avec la farine. Faites monter les blancs d'œufs avec le sucre en meringue souple. A l'aide d'une spatule, incorporez délicatement le mélange farine, noisettes et amandes.

Remplissez une poche pâtissière munie d'une douille de 8 mm. Avec la poche, dressez la pâte à succès en spirales pour former 9 disques de 8 cm de diamètre.

Mettez à cuire environ 25 min à 160°C.

Pour le sirop

Faites bouillir, laissez refroidir et ajoutez le Kirsch.

Pour la crème au beurre

Faites cuire le sucre et l'eau à 118°C.

Versez progressivement le sirop de sucre chaud sur l'œuf tout en mélangeant à l'aide d'un fouet. Faites mousser la préparation au batteur et ajoutez le beurre lorsque la masse est tiède. Emulsionnez la crème environ 10 min au batteur et ajoutez le kirsch.

Montage

Détaillez les fonds de succès (réservez les chutes) et de biscuit avec un emporte-pièce.

Etalez sur les fonds de succès une couche de 2 mm de crème au beurre à l'aide d'une spatule. Posez un fond de biscuit sur la crème et imbibez-le de sirop à l'aide d'un pinceau. Etalez sur les fonds de biscuit une couche de crème au beurre de 4 mm d'épaisseur. Posez les derniers fonds de biscuit et imbibez-les avec le reste de sirop. Ecrasez à l'aide d'un rouleau les brisures des fonds de succès.

Etalez une fine couche de crème au beurre sur les contours des gâteaux puis roulez-les dans les brisures de succès (qui peuvent être remplacées par des noisettes en poudre grillées). Etalez sur le dessus de chaque gâteau une fine couche de crème au beurre puis saupoudrez de sucre glace.

Striez avec la lame d'un couteau pour faire le décor et réservez au frais avant de servir.

Torche aux marrons

Préparation : 40 min
Cuisson : 25 min

Ingrédients pour 6 tartelettes

- *450 g de pâte sucrée (voir p. 79)*

Pour la crème Chantilly

- *150 g de crème fraîche*
- *15 g de sucre semoule*

Crème aux marrons

- *200 g de purée de marrons non sucrée en boîte*
- *250 g de crème de marrons sucrée en boîte*
- *75 g de beurre*
- *1 cuillerée à soupe de rhum*

Autre ingrédient

- *6 meringues nature*

A l'aide d'un rouleau, étalez la pâte à 2 mm d'épaisseur et foncez des moules à tartelettes individuels.

Disposez un papier cuisson sur la pâte et remplissez les moules avec des haricots secs.

Mettez à cuire 25 min à 180°C.

Retirez délicatement le papier et les haricots du fond de tarte et laissez refroidir

Pour la crème de marrons

Broyez la purée de marrons, la crème de marrons, le beurre et le rhum dans un mixeur.

Pour la crème Chantilly

Fouettez la crème fraîche bien froide et le sucre pour obtenir une crème Chantilly onctueuse.

Remplissez une poche pâtissière munie d'une douille cannelée de 10 mm avec la crème Chantilly

Etalez une couche de Chantilly dans les fonds de tartelettes.

Cassez les meringues en gros morceaux et disposez-les sur la crème et recouvrez de Chantilly.

Remplissez une poche munie d'une douille de 2-3 mm avec la masse aux marrons.

Recouvrez les tartelettes avec des vermicelles de marrons.

Réservez au froid avant de servir.

Remerciements :

Les auteurs tiennent à remercier toutes les personnes, qui de près ou de loin, nous ont permis la réalisation de cet ouvrage et nous ont apporté leur aide.

Un remerciement tout particulier à
Sandrine, Martine, Frédérique, Marie, Bernard, Damien et Antoine.

Auteurs
Gérard Fritsch et Guy Zeissloff

Photographe
Frédérique Clément
www.fredclement.com

Maquette
I.D. Créations, Damien Schitter

Relecture
Marie Heckmann et Antoine Dounovetz

I.D. l'Édition
9, rue des Artisans - 67210 Bernardswiller
Tél. : 03 88 34 22 00 - Fax : 03 88 34 26 26
info@id-edition.com - www.id-edition.com

ISBN : 978-2-915626-93-3
Impression : PB, Union Européenne - décembre 2017

La pâte à biscuit

Préparation : 30 min
Cuisson : 7 min

Ingrédients

- *3 blancs d'œufs*
- *90 g de sucre*
- *3 jaunes d'œufs battus*
- *75 g de farine*
- *20 g d'amidon*

Mélangez la farine avec l'amidon.

Faites monter les blancs d'œufs et le sucre en meringue ferme mais souple.

Ajoutez et mélangez les jaunes à l'aide d'une spatule puis incorporez délicatement la farine préalablement tamisée.

Remplissez une poche pâtissière munie d'une douille de 8 mm.

Avec la poche, dressez la pâte à biscuit en spirales pour former 18 disques de 8 cm de diamètre.

Mettez à cuire environ 7 min à 200°C.

La crème pâtissière

Préparation : 20 min
Cuisson : 5 min

Ingrédients

- *200 g de lait*
- *40 g de sucre semoule*
- *0 g de poudre à crème pâtissière*
- *2 jaunes d'œufs*
- *40 g de beurre*

A l'aide d'un fouet mélangez la poudre à crème et la moitié du sucre dans un bol.

Mettez le lait et le beurre avec la seconde partie du sucre dans une casserole et faites chauffer.

Mélangez, à l'aide d'un fouet, les jaunes d'œufs avec la préparation de sucre et de poudre à crème.

Lorsque le lait commence à bouillir, versez une partie du lait chaud sur la préparation aux œufs et mélangez vivement à l'aide du fouet. Versez ensuite le mélange tempéré sur le lait bouillant et portez la crème pâtissière à ébullition sans cesser de mélanger. Dès que la crème bouillonne, versez-la dans un saladier, couvrez-la avec un film plastique alimentaire et réservez-la au froid.

La pâte brisée

Préparation : 20 min

Ingrédients pour un moule à tarte de 28 cm de diamètre environ

- *250 g de farine*
- *125 g de beurre*
- *30 g de sucre semoule*
- *4 g de sel*
- *1 œuf*
- *15 g de lait*

Mélangez dans le bol du batteur ou dans un saladier, la farine et le beurre coupé en petits cubes.

Pétrissez la farine et le beurre en frottant énergiquement les ingrédients entre vos mains pour obtenir une texture sablée.

Incorporez l'œuf, le lait, le sel et le sucre à la farine et travaillez la pâte pour obtenir un mélange homogène.

Enveloppez la pâte dans un film plastique et réservez-la au frais pendant 1h avant de l'utiliser.

La pâte sablée

Préparation : 20 min

Ingrédients pour un moule à tarte de 28 cm de diamètre environ

- *250 g de farine*
- *1 pincée de levure chimique*
- *1 pincée de sel*
- *150 g de beurre*
- *150 g de sucre semoule*
- *1 œuf*

Tamisez la farine et la levure chimique dans un saladier

Mélangez la farine avec le beurre et le sel et frottez la préparation entre les mains jusqu'à l'obtention d'une masse à l'aspect sableux.

A l'aide d'un fouet, mélangez l'œuf et le sucre dans un saladier.

Incorporez l'œuf à la farine et pétrissez la pâte pour obtenir un mélange homogène.

Lorsque la pâte est pétrie, réservez-la au froid pendant environ 1h avant de l'utiliser.

Spritzbredle

Préparation : 20 min
Cuisson : 10-15 min

Ingrédients pour environ 500 g de Spritzbredele

- *250 g de farine*
- *3 g de levure chimique*
- *150 g de beurre*
- *150 g de sucre semoule*
- *1 œuf*
- *35 g d'amandes en poudre*
- *40 g de noisettes en poudre*

Cassez l'œuf dans un saladier et ajoutez le sucre.

Mélangez immédiatement à l'aide d'un fouet.

Tamisez la farine avec la levure chimique.

Mélangez la farine et le beurre jusqu'à l'obtention d'une masse à l'aspect sableux.

Ce travail peut se faire avec un robot ménager ou sur le plan de travail en frottant la farine et le beurre avec les mains.

Incorporez l'œuf et le sucre, les noisettes et les amandes en poudre à la farine sablée et travaillez la pâte jusqu'à l'obtention d'un mélange homogène.

Enveloppez la pâte dans un film plastique et réservez-la au froid pendant environ 1 h.

Travaillez légèrement la pâte.

Préparez un hachoir à viande muni d'une grille en forme d'étoile permettant de former les Spritzbredele.

Activez le hachoir et coupez des petits tronçons que vous disposerez sur une plaque beurrée ou recouverte de papier sulfurisé.

Formez des lacets, des couronnes ou des bâtonnets.

Mettez-les à cuire dans un four préchauffé à 170°C pendant 10 à 15 min environ.

Sablés souabes
Schwowebredele

Préparation : 20 min
Cuisson : 10-15 min

Ingrédients pour 700 g de pâte

- *250 g de farine*
- *3 g de levure chimique*
- *175 g de beurre*
- *125 g de sucre semoule*
- *1 œuf*
- *50 g d'amandes en poudre*
- *50 g de noisettes en poudre*
- *5 g de cannelle*
- *1 pincée de sel*

Autre ingrédient

- *1 œuf pour la dorure*

Cassez l'œuf dans un saladier, ajoutez le sucre et la pincée de sel et mélangez à l'aide d'un fouet.

Tamisez la farine avec la levure chimique.

Mélangez la farine et le beurre jusqu'à l'obtention d'une masse à l'aspect sableux.

Ce travail se fait en frottant la farine et le beurre avec les mains.

Incorporez les amandes, les noisettes, la cannelle et le mélange de l'œuf et du sucre à la farine sablée et travaillez la pâte jusqu'à obtenir un mélange homogène.

Lorsque la pâte est suffisamment pétrie, enveloppez-la dans un film plastique et réservez-la au froid pendant environ 1h.

Etalez la pâte à 3 à 4 mm d'épaisseur environ.

Détaillez divers sujets avec des découpoirs de formes différentes.

Disposez les petits sablés sur une plaque légèrement beurrée ou recouverte de papier sulfurisé.

Badigeonnez-les à l'aide d'un pinceau avec de la dorure.

Laissez sécher et badigeonnez une seconde fois de dorure.

Mettez à cuire dans un four préchauffé à 180°C pendant 10 à 15 min environ.

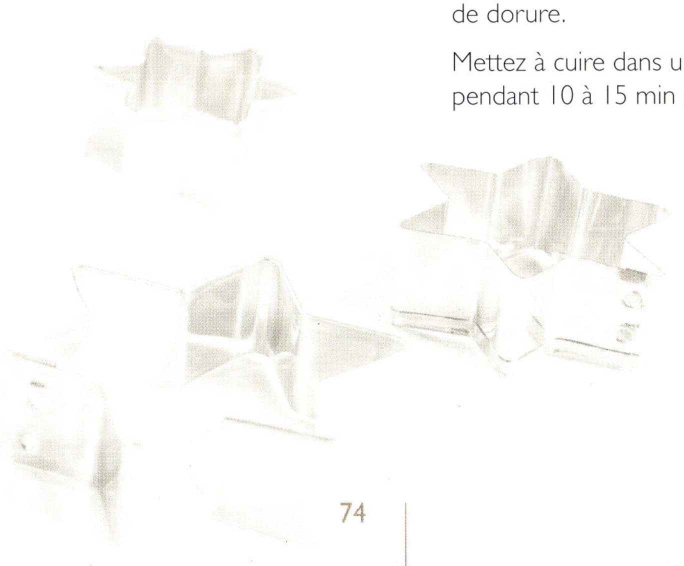

Rochers aux noix

Préparation : 25 min
Cuisson : 1h-1h15

Ingrédients

- *120 g de blancs d'œufs (4 blancs environ)*
- *240 g de sucre semoule*
- *300 g de noix*

Mettez les blancs d'œufs et le sucre dans une casserole.

Chauffez et mélangez à l'aide d'un fouet jusqu' à ce que les blancs atteignent une température de 60°C environ.

Versez ce mélange dans le bol d'un batteur électrique.

Fouettez pendant environ 10 min pour obtenir une meringue ferme.

Incorporez les noix à l'aide d'une spatule en bois.

À l'aide d'une petite cuillère, dressez des petits rochers sur une plaque recouverte de papier sulfurisé ou recouverte d'une toile de cuisson siliconée.

Mettez-les à cuire dans un four préchauffé à 110°C pendant 1h à 1h15 min environ.

Conseils et astuces particulières

Ces petits gâteaux se conservent facilement plusieurs semaines dans une boîte hermétique et dans un endroit frais et sec.

Petits-beurre
Butterbredele

Préparation : 20 min
Cuisson : 10-15 min

Ingrédients pour 580 g de pâte

- *250 g de farine*
- *3 g de levure chimique*
- *150 g de beurre*
- *125 g de sucre glace*
- *1 œuf*
- *½ gousse de vanille grattée*
- *1 pincée de sel*

Autre ingrédient

- *1 œuf pour la dorure*

Cassez l'œuf dans un saladier et ajoutez le sucre.

Incorporez la vanille grattée, la pincée de sel et mélangez immédiatement à l'aide d'un fouet.

Tamisez la farine avec la levure chimique.

Mélangez la farine et le beurre afin d'obtenir une masse à l'aspect sableux.

Ce travail se fait en frottant la farine et le beurre entre les mains.

Incorporez le mélange de l'œuf et du sucre à la farine sablée et travaillez la pâte afin d'obtenir un mélange homogène.

Lorsque la pâte est pétrie, enveloppez-la dans un film plastique.

Réservez-la au froid pendant 1 à 2 h environ.

Malaxez légèrement la pâte et étalez-la à 4 mm d'épaisseur environ.

Détaillez à l'aide de découpoirs des petits gâteaux de formes diverses.

Disposez les petits-beurre sur une plaque légèrement beurrée ou recouverte de papier sulfurisé.

Badigeonnez-les au pinceau avec de la dorure.

Laissez sécher et badigeonnez de dorure une seconde fois. Mettez à cuire dans un four préchauffé à 180°C pendant 10 à 15 min environ.

Petits fours à l'anis
Anisbredle

Préparation : 25 min
Cuisson : 10 min

Ingrédients pour environ 400 g de petits fours à l'anis

- *2 œufs*
- *165 g de sucre semoule*
- *170 g de farine de blé*
- *8 g de graines d'anis*

Autres ingrédients

- *Beurre*
- *Farine*

Cassez les œufs dans une casserole et ajoutez le sucre.

Chauffez et mélangez à l'aide d'un fouet jusqu' à ce que le mélange atteigne une température de 50°C environ. Versez ce mélange dans la cuve d'un batteur électrique.

Fouettez pendant environ 10 min ou jusqu'à ce que la masse double de volume.

Tamisez la farine et à l'aide d'une spatule en bois, incorporez-la ainsi que les graines d'anis dans les œufs battus.

Mettez la pâte dans une poche pâtissière munie d'une douille unie d'environ 10 mm de diamètre.

Dressez des petits ronds sur une plaque très légèrement beurrée et farinée.

Laissez croûter les petits fours dans un endroit sec pendant 2 h environ ou jusqu'à ce que la croûte soit suffisamment épaisse ; elle doit craquer quand on appuie dessus avec le doigt.

Préchauffez le four en chaleur traditionnelle à 180°C puis enfournez les plaques.

Laissez-les cuire 10 min environ ou jusqu'à coloration suffisante.

Macarons à la noix de coco
Kokosmakrenle

Préparation : 20 min
Cuisson : 12 min

Ingrédients pour environ 600 g de macarons

- *160 g de blancs d'œufs ou 5 blancs d'œufs environ*
- *225 g de sucre semoule*
- *225 g de noix de coco râpée*
- *½ gousse de vanille*

Mettez les blancs d'œufs et le sucre dans une casserole.

Chauffez la préparation tout en mélangeant celle-ci à l'aide d'un fouet.

À environ 50°C, ajoutez à l'aide d'une spatule en bois, la noix de coco râpée et la vanille grattée.

Travaillez le mélange pour obtenir une masse homogène puis laissez tiédir.

Remplissez une poche pâtissière munie d'une douille cannelée d'environ 14 mm de diamètre de pâte à macarons.

Dressez des rosaces sur une plaque beurrée ou recouverte de papier sulfurisé.

Mettez-les à cuire dans un four préchauffé à 180°C pendant 12 min environ.

Conseils et astuces :

Si la pâte à macarons est trop ferme, ajoutez un peu de blanc d'œuf pour obtenir la bonne consistance.

Une variante consiste à ajouter des pépites de chocolat et un peu de Rhum.

La cuisson doit être très courte. L'extérieur doit être croustillant et l'intérieur rester moelleux.

Etoiles à la cannelle

Zimmetsterne

Préparation : 30 min
Cuisson : 10 min

Ingrédients pour 570 g de pâte environ

- *250 g de sucre glace*
- *5 g de cannelle*
- *250 g d'amandes entières en poudre*
- *70 g de blancs d'œufs ou 2 blancs d'œufs*

Autres ingrédients

- *1 blanc d'œuf*
- *150 g de sucre glace*

Dans un saladier, tamisez le sucre glace avec la cannelle.

Ajoutez les amandes en poudre et les blancs d'œufs.

Malaxez le mélange pour obtenir une pâte homogène.

Lorsque la pâte est suffisamment pétrie, enveloppez-la dans un film plastique et réservez-la au froid pendant 1 h environ.

Malaxez légèrement la pâte sur la table et étalez-la à 10 mm d'épaisseur environ.

Réservez la pâte étalée au froid voire au congélateur pendant 15 min.

Versez le blanc d'œuf et le sucre glace dans un bol.

À l'aide d'un fouet, battez les blancs d'œufs et le sucre glace pour obtenir une glace royale assez ferme.

À l'aide d'une cuillère étalez une fine couche de glace royale sur la pâte.

Trempez l'emporte-pièce pour étoile cannelle dans un bol d'eau et découpez les étoiles dans la pâte.

Disposez-les sur une plaque recouverte de papier sulfurisé ou d'un tapis de cuisson siliconé.

Retravaillez les chutes de pâte avec un peu d'amandes en poudre et recommencez les différentes opérations.

Laissez sécher les étoiles pendant environ 2 h à température ambiante.

Mettez à cuire dans un four préchauffé à 170°C pendant environ 10 min.

Lorsque les étoiles sont froides, rangez-les dans une boite hermétique et dans un endroit frais et sec.

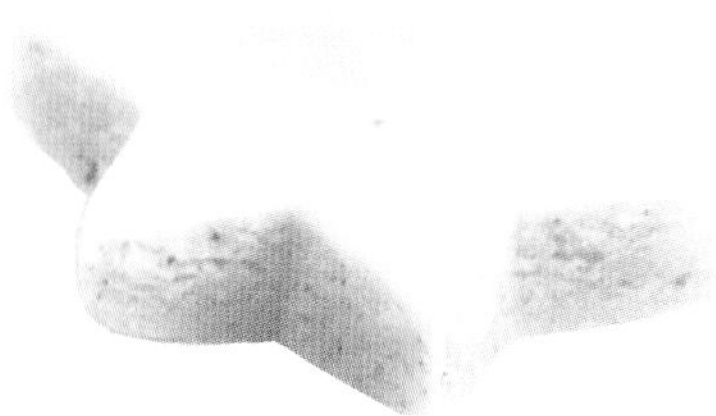

Demi-lunes
Kipfers

Préparation : 20 min
Cuisson : 15 min

Ingrédients

- *250 g de farine*
- *200 g de beurre*
- *80 g de sucre semoule*
- *1 sachet de sucre vanillé*
- *2 jaunes d'œufs*
- *100 g d'amandes en poudre*

Autre ingrédient

- *Sucre glace*

Cassez les œufs et séparez les jaunes des blancs.

Dans un saladier, mélangez à l'aide d'un fouet les jaunes d'œufs avec le sucre et le sucre vanillé.

Dans un autre récipient, mélangez la farine et le beurre jusqu'à l'obtention d'une masse à l'aspect sableux.

Ce travail se fait en frottant la farine et le beurre avec les mains.

Incorporez les amandes et le mélange des jaunes sucrés à la farine et mélangez pour obtenir une pâte homogène.

Enveloppez la pâte dans un film plastique et réservez-la au froid pendant 1 h environ.

Malaxez légèrement la pâte et formez des boudins d'environ 3 cm de diamètre.

Coupez des tronçons larges d'une largeur de 1 cm afin d'avoir un poids régulier pour chaque biscuit.

Allongez ces petits morceaux de pâte et formez des demi-lunes.

Disposez-les sur une plaque beurrée ou recouverte de papier sulfurisé.

Mettez-les à cuire dans un four préchauffé à 180°C pendant 15 min environ.

Saupoudrez-les de sucre glace immédiatement après cuisson.

Ces petits gâteaux se conservent facilement plusieurs semaines dans une boîte hermétique stockée dans un endroit frais et sec.